# Demain la Paix

# Sandrine ADSO

# Demain la Paix

Certaines déclarations sont le chant d'espoir de l'humanité. Il s'agit là de la prise de conscience pour tous les demains.

FSC
www.fsc.org
MIXTE
Papier issu
de sources
responsables
Paper from
responsible sources
FSC® C105338

Édition : BoD - Books on Demand, info@bod.fr
Impression : BoD – Books on Demand, in de Tarpen 42,
Norderstedt (Allemagne)
Impression à la demande
ISBN : 978-2-3225-1854-8
Dépôt légal : Décembre 2023

J'ai le choix à chaque instant de t'aimer un peu plus fort
Et je t'adore.

J'ai le choix de t'ouvrir la porte de ma maison
En toutes saisons,
Mais toujours, avec le soleil, le sourire
Tu es mon plus bel avenir.

Tu m'apprends à discerner le bleu du noir
Tu m'apprends à faire jaillir l'espoir,
Celui de notre histoire d'amour
De notre histoire de feu, dans la nuit et le jour,
Et peut-être quelquefois aussi de cascades dans les forêts.

Tu es un guerrier,
Un homme de paix.
L'homme avec qui je n'aurais jamais peur
D'aller au bout de la page,
Et…, d'écrire, d'écrire à toutes heures
Je t'emmène dans tous mes voyages,
Car j'ai besoin d'avoir toujours le choix,
De choisir toi !

Tu es ma réussite et ma liberté,
Le sentier perdu, puis libéré.
Un oiseau qui ne cesse de chanter
Une fenêtre ouverte sur la magie
De trouver devant nos pieds, tout l'infini.

Tu es le choix d'être, ou ne pas être
La gentillesse, qui répond au peut-être.

Le mystère de toute ma folie,
Le pardon de tout ce que j'écris,
Et oui, j'irais danser avec toi au bout de la nuit.

Je n'ai plus peur du loup
Car tu tiens du bout des doigts
Cette lyre au chant les plus doux
Qui improvise à sa façon,
Chaque instant du choix.

Et si tu m'attendais de l'autre côté de l'océan
Laisserais-tu aller en liberté, ce cheval blanc ?

Et si tu sentais ma bienveillance, comme un muguet,
Dans chacune de mes paroles,
Tu comprendrais qu'il suffit d'être deux
Pour détruire les idoles
Et rendre grâce à ce souffle de vie,
Qui dans le mystère nous réunit,
Alors peut-être bien que j'irai au bout du monde
Pour t'offrir le temps et la seconde,
Où tu iras chanter,
Pour que revienne la dernière fée.

La fée du pays lointain
Dont s'est épris le marin,
Dans son périple et son chemin.

Il est ainsi, constamment accompagné du soleil
Et pose des nœuds à chacun de ses éveils
Pour tresser la couronne de ses rêves, là au bord du miroir ;
Et qu'importe qu'il soit le matin ou le soir,
La fée est amoureuse de cet homme qui chevauche la mer.

Et si tu m'attendais de l'autre côté de la terre ?
Y'aurait-il encore un printemps et un hiver ?
Peut-être un trèèèèèèès long printemps,
Un très long instant,
D'amour, de chant
Et de vents,

Et soufflent, soufflent sur le petit navire
Quelques aquilons, quelques zéphyrs,

Je suis là,
Et je t'attends
Au bout de la respiration, de la vie et de ta voix
Encore, et maintenant.

L'éternité est clémente,
La licorne est palpitante
Dans l'orée de la forêt,
Elle trace le chemin
D'aujourd'hui à demain.

J'aime ton visage, tes mains et tes bras
J'aime voyager vers toi.

Tu es ma terre inconnue,
Tu es la main chaude et nue
Qui m'élève depuis la terre jusqu'à toi,
Alors je sens monter en moi, une puissance
Qui devient encore et encore, une autre fois,
Une autre fois, une autre magnificence,

Puisque tu es ce destrier bleu-nuit
Qui capture en une foulée
Le jour, la nuit, peut-être même l'éternité,
Ou bien, même la vie,
Toute entière.

Seul suffira l'éclair
Pour me faire aimer, jusqu'à ta dernière frontière.

Tu es la magie qui a surgi dès l'enfance,
Tu es le souvenir d'une vie sans violence,
Et je suis le creux de tes mains
Dans lequel, je pose un baiser chaque matin.

Alors mon souffle t'accompagne, jusqu'au refuge
Où sont assis tous les juges,
Du pardon
Et de la tentation.

Tu es l'innocence,
La puissance,
L'intelligence.

Je suis près de ton âme, depuis l'éternité
Je suis pleine de ce soleil qui ne cesse de t'éclairer.

Autour de nous, flottent les musiques,
Pour nous seconder un corps éthérique.

Tu trouveras au bout de mes bras, les bracelets
Que j'ai longuement choisis pour toi,
Dans une joie effrénée
Dans un instant que l'au-delà
Ne nous volera pas.

Nous sommes libres de nous aimer.

Je serai là

Je serai là, aux premières lueurs de ton éveil,
Je serai là, pour t'apporter la merveille
Qui tenue, par un simple fil me suivra
La licorne au bel éclat
Blanche et vierge, elle ira vers toi
Puis elle s'arrêtera dans son pas
Pour boire de l'eau fraîche dans le creux de tes mains.
Ce sera dès lors le matin, ton matin, ...notre matin.

Et j'irai jusqu'à toi
Émerveillée et sans effroi
Te porter l'ambroisie,
Dont Aphrodite m'a fait cadeau ; ...
Te porter ma vie
Au sommet le plus haut.

Ce cadeau sera protégé dans une boîte toute de nacre, qui telle un coquillage
Saura comment atteindre le rivage
Sur l'île mystérieuse où tu as posé ton palais, au fond des mers
Dans le refuge bleu, doux et extraordinaire
Où tu enfouis tes sommeils
Où personne ne découvre la magie de tes premiers instants d'éveil,...

Et pourtant j'en rêve, découvrir ton visage à l'aurore
Je sais, ceci est un secret.
Laisse la lumière t'offrir tout son or,
Laisse-moi t'aimer un peu plus, sur le chemin de l'éternité.

Le chemin est long et court
Il est caché derrière la porte du jour,
Là où commence le crépuscule,
Là où les fauves ocres se bousculent.

Regarde la biche au pied du lion
N'arrête pas le cerf dans ses bonds
Qui capture dans un saut, les premiers jeux du vent,
Et laisse-moi accepter tout ce temps.

Ce temps sans toi,
Où je vieillis doucement,
Riche du mystère de ton sang.

# J'emporte

J'emporte dans tous mes rêves de nuit et de jour
Le premier solstice d'amour,
La première brume de tes pourquoi
Et je te dis tout bas,
Que pour répondre à tes questions
Il me faudra une immense passion.

Mais, je te le dis
Aujourd'hui,
Cette passion est :
Je sens en moi, des silences pleins de tes murmures
Je sens en moi, les remèdes pour apaiser une à une
Chacune,
De tes blessures.

Je peux, je veux, je pourrais et je voudrais te soigner.

J'emporte tes souvenirs trop lourds
Je fraye jusqu'à nous, les lumières de l'amour
Dans un ruisseau qui emporte et ramène
La jeunesse-reine.

Et je crois bien, que j'irai verser une larme
Devant la puissance de tes charmes,
Parce que tu es semblable au brasier
Qu'emportent dans un tourbillon, toutes les divinités.

De toi me reste la simple braise et le grand volcan,
Le tout, et le néant,
Ta présence et le vent.

Je les emporte sur un petit bateau,
Construit avec des palmes et des rameaux.

Je les emporte
Et les emporte, dans mon secret :
Peut-être l'éternité,
Peut-être dans le nouveau souvenir de la porte oubliée.

J'emporte toutes les clefs
Que notre temps aura bien voulu déposer.

J'irai au plus profond du miroir
Qui s'allume et s'éteint chaque soir,
J'irai sur les routes du hasard
Pour croiser à nouveau ton regard.

La première fois que j'ai vu tes yeux, c'était un rêve profond
Dans lequel la providence saluait ta plus belle chanson,
J'irai chercher l'eau fraîche du petit matin,
J'irai poser mes mains
Sur tes yeux fermés et rieurs
Alors, tu prendras mon cœur
Comme une étoffe de cristal,
Comme la danseuse prend le cheval.

J'irai à l'autre bout du monde
Chercher parmi, tous les instants, ta seconde.
Celle où se sera toi, pour l'éternité.
Alors nous irons aimer,
La nuit, le feu, le matin et le jour.

Nous irons nous aimer, tout simplement d'amour.

Un amour si éblouissant que dans ses rayons de lumière
Toutes les licornes se rassembleront dans notre clairière.

Merci à la rivière, d'avoir baigné tes bras, tes flancs
Tous ces morceaux de toi qui m'ont mis la fièvre en dedans.

Merci aux arbres et à la mousse d'avoir fait de la forêt,
Un lit unique et providentiel pour nous aimer.

J'irai aux quatre points cardinaux
Porter le flambeau

De ce palais, dans lequel je te rejoins
Et qui est tien.

La flamme orange et bleue
Montera comme un désir, jusqu'au fond de tes yeux.

Et j'irai jusqu'à toi,
Comme l'on s'approche d'un roi.

Avant de partir,
Tu m'as fait la promesse de revenir.

Alors je t'ai laissé monter sur le navire
Qui pouvait, à chaque instant te faire mourir.

Et voyant le bateau t'emmener au-delà de l'horizon,
J'ai prononcé cent fois ton prénom,
Et le vent l'emportera
Aux premières lueurs d'une aurore
Que je n'oublierai pas
Non parce qu'elle sera d'or
Mais parce qu'elle sera juste pour nous.

Et l'astre solaire si doux
Me dira avant de partir,
De mettre dans tes valises le son de mon rire.

Afin que nous puissions continuer à chanter ensemble,
Afin, que toute ma vie, je tremble
De toi.
Et que tu reviennes vers moi
Avant de partir, je t'ai laissé mon anneau d'or
Pour que rien, ni aucune guerre
Ne nous sépare encore.

Avant de partir, c'était hier.
Aujourd'hui, tu reviendras peut-être ou demain
Je te lance des colombes depuis mes mains
Et elles fusent à travers le ciel,
Sans peur de l'étincelle
Meurtrière.
Avec cette blancheur exceptionnelle

Qui laisse la page du ciel vierge et blanche de toutes morts
Pour des temps indéfinis et plus loin encore.

Et, peut-être même qu'avant de partir,
Là-bas te rejoindre
J'entendrai ce rire
Qui plus bleu, qu'un saphir
Nous empêchera de mourir.

Ce poème
Existe parce que je t'aime,
Cet amour
Existe parce que tu me parles de la lumière du jour.

À n'importe qu'elle heure de la journée
Tu es pour moi, celui qui sait
Lire dans mes yeux,
Allumer les plus doux feux.

Tu connais le rythme de la lumière
Quelquefois, même tu parles à la rivière.
Et lorsque tu sens que j'ai peur,
Tu me parles durant des heures
… , et je t'écoute
Et je t'ouvre la route
Encadrée par deux poèmes qui chantent
Pour que ton monde s'enchante.

Alors, ce poème ira lui aussi à toi,
Comme l'amour est venu en moi !

Ce poème n'est pas que des mots,
Il est un vent doux et chaud
Qui caresse ton visage
Et te fraye un sillage
Parmi les hauteurs des montagnes et la floraison des vallées.

Ainsi tu peux aller
Heureux, en toute liberté
Sur les chemins
De ton destin.

Et quand le chant nocturne doucement descendra
Sur toi et moi,
Peut-être nous coucherons-nous
Aux bords des poèmes, les plus doux
Et nous ressentirons de la joie.

Aussi, ne sois pas surpris
Si je te chante ce poème, ainsi
Dans le langage de la musique.

# Ce regard

Ce regard lumineux comme le sourire d'Éros
Anéantit tous les géants, tous les colosses
Qui terrorisent le simple faon des bois d'Occitan.
Et les paroles de tes yeux réchauffent le plus misérable des mendiants.

Ce regard qui traverse la lumière,
Ce regard que j'adore et espère
À chacun de nos rendez-vous
Est humble et doux, …
Pourtant tu es roi,
Et à l'aide d'une simple fronde, tu combats.

Merveilleux, miraculeux
Tu gagnes non la victoire, mais la paix
Et le monde respire, heureux.

Ce regard, beaucoup de femmes l'ont croisé
Aimé et désiré…
Lorsque je le croise, je pars au pays de la magie,
Et tous les êtres fabuleux deviennent mes amis.

Il y a la licorne, les elfes, les lutins
Qui me font tellement croire à mes rêves enchantés
Que j'en reviens
Pleine de la poudre des fées.

Et depuis ma chevelure,
Je pose sur ton corps dur
La poussière du songe de la fée
Que j'ai reçue comme la promesse d'un premier baiser.

Alors la forêt s'enflamme sous ton regard
Et chacun, chacune sent, veut et y pose leurs espoirs.

Mon espoir est de t'offrir, chaque instant
Le vin, le plus enivrant,
Les nuits les plus inconnues
Pour qu'au bord des nues
Jaillissent la surprise :
Ton regard,
Qui monte avec le soir,
Comme une lune et son soupir.

Chaque fois

Chaque fois, que du sang coule dans les profondeurs de la terre,
L'injure est faite à la lumière.

Chaque fois que deux amoureux s'enlacent,
Je t'envoie des baisers et je t'embrasse.

Tu ressembles à ces collines verdoyantes sous le soleil
Qu'un nouveau printemps a mis en éveil.
Avec la sonnerie de chants d'oiseaux,
Dans un ciel toujours plus haut.

L'infini n'a pas de limites « pas de fin »
Et il n'appartient à aucun,
Sauf, peut-être à ce magicien,
Que l'on appelle Merlin.

Souvent, lorsque je vais marcher
Dans la profondeur des forêts,
J'entends les échos des festins
Des êtres sylvestres,
De la licorne équestre
Et du bouillonnement terrestre.

Si la terre, quelquefois se couvre de fleurs,
Laissez-dire, les poètes aujourd'hui qu'il est l'heure
De ne plus faire la guerre
Mais de monter vers les étoiles, et de fertiliser la poussière.

Rendre la vie
À toujours la vie.

Et quand le ciel frissonne sous la pluie,
Il est bon de poser une à une les bougies

Qui éclairent le chemin,
Que la gitane a gravé dans tes mains.

Alors je poserai sur toutes les routes, tous les chemins et tous les sentiers
La lumière à la bougie sacrée,
… et pardonne-moi s'il me fallait une bougie allumée
Ce soir-là pour t'embrasser.

# Comment ferais-je ?

Comment ferais-je pour vivre sans toi ?
Comment puis-je concevoir d'être moi,
Sans le son de ta voix,
Le bruit de tes pas,
L'odeur de ton corps,
Et sans en demander plus, d'avantage ou encore
Réunir dans mes jours,
Tous les chemins de ton amour ?

Et si j'ai peur des guerres et du froid
Le néant engloutira-t-il mes émois ?
Non, car je porte mon amour, à bout d'ailes, à bout de bras
À bout de toi et moi.

Comment ferais-je pour vivre sans toi ?
Qu'est-ce que la vie, sans la douceur et l'éclat
Du premier reflet attardé à la surface de ce lac étrange
Dans lequel le magicien caresse sans cesse le mélange
De la haine et de l'amour
Pour après bien des nuits et des jours,
Parvenir au miracle de la paix !
Comme une vague sur la mer enlacée.

Suffira-t-il d'un nouvel instant
Qui surgissant de l'ouragan
Déferlerait sur la plage vierge, encore de la mer ?

Rattraperas-tu ce cheval
Qui dans sa course a atteint ton étoile ?

Tous les mots fleurissent au bord de la terre,
Quel géant pourrait-il empêcher l'espoir d'atteindre la lumière ?

Du plus innocent enfermé injustement ?,
De la plus belle aube, qui se retirerait devant un jour sanglant ?

Les poètes doivent s'unir pour laisser l'horizon
Flotter au bout des océans, des collines et des vallons,
Peut-être que les mots peuvent suffire
À réunir sur tous les visages, la peur de s'en aller et de mourir
En laissant une terre à nouveau meurtrie.
Peut-être enfin, le tyran saura dire oui,
À la colombe de la liberté
Pour qu'à nouveau l'Homme puisse aimer.

Demain, sera un jour clair
Inondé de lumière.
Demain le premier ange posera son pied sur la terre,
Demain, le monde ne croulera plus sous la misère,
Demain la vigne des bois lumineux
Sera versée à la coupe des plus malheureux.

Demain, j'apprendrai à l'enfant
De rajouter un pas à son pas d'avant
Pour qu'il puisse parcourir tous les nouveaux territoires
Que la jeunesse est en train d'offrir au monde, dans sa gloire.

Demain la colombe si blanche et lumineuse
S'élèvera dans les cieux d'une terre porteuse,
Non de la bombe, mais du souffle de cette licorne qui s'est réveillée
Pour enchanter l'humain et le faire briser les fusils déjà enterrés,
Depuis que le poète a ouvert sa porte à l'oiseau.

Demain, il n'y aura pas un, mais des milliers d'oiseaux
Qui dans le ciel du monde entier chanteront
Un hymne à l'amour et la fraternité,
À la vie, qui pour lui là-bas seul et effrayé
Retrouve la joie d'entendre les mélopées
D'une mer enfin calme et dont chaque frisson
Ranimerait la sirène et son pardon.

Demain, l'Homme demandera pardon à la terre
Pour tous ces crimes et ces guerres
Fatigués de se complaire dans la haine,
Fatigués du trop lourd poids à porter dans les larmes, mêmes lointaines.

Car, oui, tu es près de moi
Et j'entends ton souffle inquiet, monter en moi

Comme une prière universelle
Et les mains, unes à unes se réuniront dans l'espace d'un ciel,
Qui n'a jamais été aussi bleu
Où, l'Homme comprendra qu'il n'est pas un, mais toujours deux.

En allant vers toi,
Je souriais tout bas,
Je voyais déjà ton visage
Et je respirais ton sillage.

Dans l'odeur des bois frais
Sous la rosée des printemps.

C'était presque l'été
Et j'avais la tête pleine de chansons et de vents,
Je marchais lentement,
Le visage haut, la poitrine en avant.

Fière,
De dire non à la guerre,
Et oui, à tes serments.

J'allais en avant sur le chemin
De l'amour, de toutes tes mains !

J'allais en avant sur le chemin
De tes yeux, de tes bras, de ma joie d'être à toi.

En allant vers toi,
Je courais dans la clarté
En allant vers toi
Le chemin était tracé
Parsemé de fleurs et d'arbres blancs
Les nuages, les étoiles, la lune, le ciel
Me traçaient les colombes, les hirondelles
Qui t'escortaient royalement.

En allant vers toi,
Je n'avais qu'à suivre, ce chemin qui s'ouvrait à moi,

À toi, à nous deux
Dans ce lendemain, où il n'y aura plus de feux ;
Mais juste le ciel et plus d'enfer
Le ciel limpide et toujours plus clair.

En allant vers toi,
J'allais aussi vers moi.

J'irai là-bas

J'irai là-bas, au pays de tes songes
Je chevaucherai la Licorne et avec elle, doucement je prolonge
Ton premier rêve, suivi de tous les autres
Tu seras la pluie d'été, le chemin vers notre,
Espace de liberté
D'amour et de fidélité.

Simplement, la joie de sentir ta main dans la mienne
Simplement, la joie de grandir dans un monde sans haine.

Ma main, pour toi se fera horizon.
J'irai là-bas avec toutes mes chansons,
Et sur le bord de la plage,
Je ramasserai tous les coquillages
Pour en faire un diadème
D'or et d'embruns, qui sur la route du vent sèment
Un par un, pour notre éternité
Toutes nos victoires
Et tous les moments de gloires
Qui explosent vers l'absolu liberté.

Et, il y a tous ces autres moments
Ces instants qui semblent vides et inertes.
J'en ferai des colliers pour les géants
J'en ferai des lumières ouvertes
Vers le futur que tu as choisi !
Serais-je, alors à tes côtés ?
Peut-être que tu aimeras cette vie ?
Que je t'offre d'amour,
Que je t'offre de jour.

J'ai encore choisi,
Le sentier escarpé,

La plage d'or et mouillée
Des premiers océans
De ces fulgurants continents
Où j'ai trouvé les serrures les clefs
Pour t'ouvrir les choix, puis les secrets
Pour t'ouvrir, comme une femme abandonnée.

Je serais là,
Devant toi,
Devant moi.

## Je suis ton parchemin

Je suis ton parchemin,
Posé sur le piano, par le magicien,
Je suis ton piano,
Posé sur le parchemin, par le seul héros,
Qui a dit : « non » à la guerre.
Pour ne pas souiller la clarté de la lumière.

Je suis ton parchemin, dont l'encre est puisée au cratère des dieux
J'écris dans une langue inconnue de tous, chacun de tes rêves, de tes vœux
Et je les libère
Au-dessus des vents et de la mer.

Tes songes flottent comme des pierres de nacre sur les contours de ton cœur,
Comme des colliers au diapason de toutes les couleurs ;

Tu es fleuri, comme un printemps
Tu es chantant, comme l'oiseau blanc.

Ce matin, encore j'irai chercher notre fleur
Et je la regarderai pousser en plein cœur
Du jardin,
Où tous les soirs va s'endormir le magicien.

Ce matin, encore j'irai écouter l'oiseau blanc
Qui après avoir parcouru bien des continents
Posera la soie de ses ailes
Sur la plus haute branche du premier olivier.

Il y aura bien d'autres oiseaux fraternels,
Mais moi, je ne verrais que la branche lourde et sacrée
Des fruits de l'Orient.

Et j'irai cueillir une à une toutes les perles de l'arbre
Pour les porter dans ton palais de soie et de marbre

Où s'endorment tes princesses,
Tes dieux et tes déesses.

Où, je transcris dans la parole de l'univers
Tous les chemins que tu gravis dans l'escalier serpentaire
Du labyrinthe fou, dont je t'ai offert la clef
En échange d'un baiser.

Je suis un être humain,
Je suis un mot et une main.

Je veux être pour toi, cette amie
Que tu appelleras depuis ta nuit,
Peut-être dans un soupir
Qui explosera dans un rire.

Je veux être ce grelot de cristal,
Qui ramènera dans ta nuit, toutes les étoiles
Du matin, du soir
Du jour nouveau et de son espoir.

Comme une lumière conçue dans un rêve,
Comme l'unique espoir d'une trêve,
Qui devient éternelle,
Qui s'offre réelle.

Alors la belle Méditerranée se couvrira de fleurs
Qui te rappelleront que tout être humain possède un cœur.

Alors, ce Noël, nous irons tous à Bethléem
Et nous chanterons ensemble, trois mots : je t'aime.

Et descendent du ciel, les étoiles
Et de la terre profonde, jaillit le signal
De l'appel secret,
De la question à peine posée,
Tremblante au bord des lèvres
Insolente, et pleine de fièvre.

Tu es le brasier
Vers lequel je pose mes baisers,

Tu es cette terre de lumière et de paix
Le premier chemin escarpé dans la clairière.

Je suis ce que tu es : l'espoir de la terre entière.

Merci.

Je t'ai offert mon feu,
Qu'en as-tu fais ?

Le ciel était bleu,
Pourquoi l'as-tu quitté ?

Pour cette femme aux yeux si clairs
Qu'ils semblent contenir toute la lumière,
Pour cette femme aux cheveux si parfumés
Que roses, jasmins et muscs se sont embrassés,
Pour cette femme aux rêves si doux
Qu'en un seul mot, elle guérirait tous les fous.

Elle est dans la lumière,
Dans les parfums de la terre,
Dans tes rêves suaves sur son sourire,
Dans cet ultime matin qui n'ira jamais mourir !

Je t'ai offert mon feu,
Dans une petite boîte bleue,
Tu l'as serrée contre ton cœur
Et tu t'es mis à chanter de bonne heure,
Le chant qui voyage dans le ciel
Le chant qui souligne tes premières et plus belles,
Fois.
Encore une fois,
Je serais là,
Près de toi
Pour te raconter,
Ce voyage d'amour
Lorsque toutes les nuits se préparent à devenir jour.

Lorsque ma main sur ton front
Chauffera toutes les saisons
Comme un seul et unique printemps
Où se rassemblent tous les enfants
Pour contrer tous les chars
Par la seule force de l'espoir.

Je te donne mon feu,
Pour allumer, ton feu.
Et que de notre brasier
Surgisse la créature d'éternité :
La licorne.

La page est vierge, la page est blanche mais tout à l'heure elle sera bleue,
Elle sera bleue, par les montagnes, les vallées, la mer, les bois, le feu ;
Et elle portera ton nom écrit comme un arc-en-ciel
Avec sur le fond de la couleur du ciel
Écrit dans toutes les couleurs, du monde, de la vie
Les plus belles lettres apparaissant comme par magie.

Je suis portée par le rêve de tes bras, dans lesquels je n'oublie de t'aimer
À aucun instant,
Et je vais le cœur et l'âme remplis de toutes tes beautés
Et je vais loin aux affres du temps.

Je vais jusqu'au premier matin du monde, sans guerres !
Je vais courant dans tes jardins de lumière,
À la recherche de ton essence d'amour,
Pour m'en inonder chaque jour.

Il y a un nombre infini de fleurs, dans l'univers
Et toutes se tournent vers ta prestance princière
Royale, pourtant tu es si simple : tu salues le roi, comme le mendiant
Et tu continues ton chemin en marchant dans le vent.

Tu réponds à toutes les questions,
Comme une mère essaie de le faire pour son enfant.
Tu es bon.
Tu es mille fois aimé,
Par des femmes, des enfants, des hommes et peut-être, surtout par moi
Qui t'ai sacré roi !

Pourtant tu ne portes pas de couronnes, ni de bijoux
Et tu parcours le monde d'un regard intelligent et doux.

Tu traverses les plaines, les deltas, les vallées
Et se montrent à toi, tous les secrets.

Tu te nourris naturellement du monde et de ses mystères
D'un geste de la main, tu fais cesser les guerres
Et tu bouges tes mains, comme monte la lumière.

Tu souris, tu ris
Tes colères sont sans cri,
Tu caresses dans un firmament infini,
Chaque instant de ma vie,
Qui s'appelle paradis
Et je t'en remercie.

J'aime regarder la vague qui explose en haut de l'écume,
J'aime caresser la vague au bord de la brume.

J'aime les brindilles de lumière que tu laisses sur ma route,
Qui m'éclairant, emportent toujours un peu plus loin, le doute.

La vague est blanche et bleue
Quelquefois rousse sous les rayons du crépuscule,
La vague est dans mes yeux
Lorsque tu t'effaces et que tout recule,
Jusqu'à cette petite porte dont tu me tends la clef,
En échange d'un baiser.

La vague est souvent au sommet de tes pensées
Et déferle sur le monde entier,
Pour en éteindre, le feu destructeur.
Tu es un ange salvateur.

Tu es toi heureux, du vent
Et des océans.

Et souvent, lorsque je marche sur la plage
Je peux voir sur la vague, toute la merveille de ton visage.

Au bout de la plage, il y a l'océan,
Et au bout de l'océan,
Il y a le vent,
Et au bout du vent,
Il y a la vague, la vague de toute liberté
Qui jaillit en mille éclats sur le rocher.

J'envie cette pierre, dans l'immensité salée
Car elle reçoit toute ta mort et ta naissance,
Alors je t'arrache aux affres immenses

Et, telle une guerrière je me bats pour ta vie
Et à chaque victoire, nous faisons l'amour.

Au pays des amants, nous ne sommes plus interdits
Et le monde entier sait que rien ne nous écartera de ce jour
Où la vague a choisi de s'écouler de mes yeux à tes yeux !

Le dernier temps sonnera
Lorsque loin de mes mains tu partiras,
Lorsque tu iras chercher ta reine au pays des rois,
Et peut-être tu m'oublieras.

Alors je m'en irai, pleurer à l'eau de la fontaine
Impuissante face à la guerre et toute sa haine,
Alors je retournerai face à la colline
Chercher cette brume divine,
Qui dissimule et anéantit tous les combats.

Il y aura du vent ce jour-là,
Et le dernier temps sonnera.

Depuis la conque de Poséidon
Depuis l'ivresse des eaux profondes, jusqu'au clair horizon.

Le monde s'enroulera dans un immense soupir
Et je me préparerais à mourir :
Je m'allongerais vêtue d'un drap bleu
Je fermerais longuement les yeux
Et me rapprochant du feu
Je ferai sonner toutes les cloches des cathédrales
Ce sera le signal,
Le dernier des temps,
Du dernier temps.

Parce que je ne veux pas mourir
Avant de t'avoir aimé,
Parce que je ne veux pas partir
Avant d'avoir reconnu dans tes yeux, un oasis de paix.

Car tu es la rose des sables perdue dans le désert,
Parce que tu es ce berger qui purifie la terre,

De ces géants ;
Car tu es l'étoile du vent
Plus pure, que le plus pur diamant.

Tu es mon premier instant
Tu seras mon dernier instant.

Le premier soleil est entré ce matin à travers les volets
Il a chanté et posé tout son or
Sur nos montagnes et nos vallées
Comme un premier signal doux et sans effort,

Alors nous avons vu tellement de lumière,
Que nous en avons oublié les guerres !

Et dans ce chemin sans armes
Les arbres ont ouvert leurs fleurs et leurs fruits
Faisant sécher sur les visages fébriles, la première larme ;
Mais le son de ta voix s'est enfui
En moi, et je l'ai reçu au bout de mon refuge
Je l'ai reçu au bout de tous les nuages, après le déluge.

La terre, encore humide
T'a reçu, comme un gouvernail, comme un guide.

Mes bras, encore chauds de la nuit
Ont reçu l'appel secret de ta vie :
Plein de la nostalgie de ton premier Soleil,
Similaire à ma quête également du Soleil,
À la recherche de la chaleur et de la lumière.

Ensemble, nous irons jusqu'à ces terres
Où restent suspendues les gouttes de mon aveu
Les mots montent jusqu'au rêve en feu
De l'espérance de l'humanité,
Jusqu'au premier sourire caché,
Depuis la première lueur
Alors j'ai ouvert la porte du bonheur
Et j'ai blotti ton visage contre mes seins,
Et j'ai compris, le sens du mot demain :

Toi,
Toujours toi,
Avec ton escorte de rêves et de désirs
Et je te promets de les faire fleurir,
Avant que le temps n'emporte loin de moi,
Ta jeunesse et la vigueur de tes bras.

Pour toi, toujours sera le premier soleil.

# Le retour

Le retour des premières paroles
Atteint les espérances, les plus folles :
Entendre le son de ta voix
À minuit, lorsque j'ai peur et froid.

Des paroles si chaudes, que l'hiver dans sa course s'arrête
Et laisse sa porte ouverte
Au renouveau printanier.
À l'oisillon dans son nid protégé,

Le retour de la foi
Après un monde en éclat,
Le retour des drapeaux blancs
Flottant sur tous les océans.

Le retour du père oublié
Après des années de guerre
Le retour d'une mère oubliée
Après des années de misère.

Oui, le retour c'est aujourd'hui, maintenant !
Le ciel est clair.
C'est un nouveau présent
Un jour vif sans otages, sans prisonnières.

Alors, j'irai pousser la porte du monastère
Je retrouverai les premiers instants de silence,
Et, probablement viendra la délivrance :
Toutes les portes et les fenêtres s'ouvriront
Les cœurs seront pleins de ces chansons,
Que l'on ne peut oublier
Après les avoir écoutées.

Les bougies ne s'éteindront pas,
Partout, autour de nous, la lumière sera.

Et, le poète fatigué
D'avoir trop écrit
S'endormira sur le velours de son papier.
Et avec, son sommeil, le retour des rêves.

Le soleil dans mon cœur
S'est levé avec le visage de ta splendeur.
Et je connais la joie,
Celle qui me fait courir au petit-bois
Découvrir les licornes enchantées
Qui me font saisir l'indicible mot d'amour que tu murmures.
Et oui, j'irai jusqu'au bout du monde protéger tous les murs
De ta maison,
Pour que le vent y passe, en posant non des tempêtes, mais des chansons
Pour que l'arc-en-ciel pose ses couleurs au plafond,
De tous les hôpitaux et de toutes les saisons.

Aujourd'hui j'écris à l'entrée d'un hiver
Qui illuminera de lumière,
Un monde qui a égaré
La petite clé,
Celle des plus beaux jours,
Des rêves de paix et d'amour.

C'est une clé en cristal,
Que le mystère a déposé au pied du cheval,
Qui dans un galop soutenu a franchi toutes les frontières
Précédé de la lumière,
Précédé, parfois aussi de la prière.

Le soleil de mon cœur, pour toi
Là-bas envoie
Une pluie de fleurs
De respect et de couleurs,
Tu verras dans la poussière
S'élever des colosses de terre,
Tu verras dans l'obscurité
Renaître et jaillir la clarté oubliée.

Parce que tu connais le langage universel
De ce tout premier chant
Et la pierre frottée, deviendra étincelle
Puis un feu maîtrisé et non une arme ;
Regarde cet enfant et ses larmes,
Comprend qu'il n'attend que tes bras.

Alors, oui je lui offrirai le soleil de mon cœur
Et ensemble, sur la route nous irons dans la demeure,
Du respect des droits de l'homme.

Les mots dansent dans le sablier
Pour arrêter le temps,
Souvent ils espèrent un baiser
Mais se taisent face au sable d'orient.

Je te laisserai choisir le mot et le parfum qui s'y rattache,
Je te laisserai trouver le parchemin, que je cache
Et, peut-être tu comprendras
Tous les mots que je ne dirais pas :
Tu les liras,
Et ensemble, nous écrirons ce livre
Aux paroles et aux rimes ivres,
D'un vin qui jaillissant du sein d'Aphrodite
Poursuivra le sort des bacchantes maudites.

Les mots de la muse, sont incompréhensibles
Et c'est par l'alchimie invisible
De mon amour vers toi
Que les mots vont vers toutes les autrefois :
Il y a maintenant,
Et il y a demain.

Tu es le champion, le vainqueur, l'omnipotent
Tu es le secret, le vent, le temps, le matin ;
Et toujours vers toi,
Mes mains sont tournées.

Lorsqu'elles s'ouvrent sous tes yeux
S'échappe le génie amoureux,
Des vents
Du labyrinthe mystérieux
Dont le fil d'Icare s'est étiré longuement.

Aussi longtemps que la crinière du minotaure
Il y a aujourd'hui, demain et maintenant
Il y aura ces lettrines d'or
Sur le parchemin que je tends au vent
Et qui parle de ces mots,
Dont tu n'as aucun soupçon,
Et pourtant ils sont
De toi à moi, l'unique raison.

## L'heure étrange

Ce soir, c'est l'heure étrange, où sourit la sirène des limbes océanes
Ce soir, c'est l'instant où les fées ouvrent leurs cœurs diaphanes,
À leur maître, le magicien
Qui surplombe le ravin
Dans lequel viennent s'engouffrer
Les créatures venues du fond de la voie lactée,

C'est alors une symphonie
Une toute première mélodie :
Il y a le chant des sirènes et le vent,
Il y a le fantastique et l'envoûtant
Il y a toi et ma fleur d'amour
Qui, sagement attendent le petit jour
Pour venir saluer la bête de lumière,
Cette licorne qui vient à l'heure étrange
Où le soir glisse sur le jour, et à elle se mélange.

C'est l'heure béate où explose la comète,
Venue du fond de l'espace,
Traversant toutes les marées et tempêtes
Elle laisse autour d'elle toutes les traces
D'un voyage de lumière et d'obscurité.
Dame-licorne peut alors être regardée… ,
Mais jamais Ô grand jamais
Il ne faut la toucher,
Au risque de la faire mourir.
Il en est ainsi des merveilles du monde
Il en est ainsi du loooooong désir
De la jeune vierge qui sent la licorne ronde
De vie,
Et d'infini.

L'heure étrange peut cependant être espérée
L'heure entre le rayon et le soleil
Où les lois du temps s'ont arrêtées
Et propose un instant de merveille :
L'instant où j'irai poser une rose aux pieds de la licorne.

Ma chance c'est d'aimer le vent,
Qui court dans tous les jardins, insolent.

Ma chance c'est de t'avoir sur mon chemin
Et de courir vers toi, tous les matins.
Parce que tu es doux, parce que tu es gentil
Et que toi aussi, tu chéris la vie.

Cette vie qui s'appelle amour
Depuis que nous avons vu le jour,
Ensemble lors de notre rencontre, un jour de printemps.

Depuis, je cherche ton parfum, dans tous les vents
Et je trouve le sublime, l'extraordinaire
Tu es le plus bel homme de la terre,
Royal, simple, humble, sincère.

Tu sais dire : non, et tu sais dire : oui,
Et tu me dis souvent : oui.
Alors je comprends cette chance
D'être comprise par l'excellence,
Et d'en être aimée.

Mon chemin vers toi est tracé
Bercé d'un endroit à l'autre par des orées
Par l'amour lui-même : tu es l'adoré,
La lumière, dans la lumière,
La vision de la première clairière
Le chant de la première rivière,
Le souffle du premier baiser
Et le commencement de la plus longue éternité.

Ma chance, c'est de pouvoir
Respirer ton nectar,

Me retrouver dans ton regard,
Et suivre la foulée de la licorne dans le soir.

Ma chance, c'est de savoir que tu vis
À quelques instants d'ici,
Ma chance c'est probablement,
Que tu vis ma vie.

Le monde appelle de tous côtés
Dans un cri, ou dans un chant.

Certains parlent de fin de guerre et de liberté,
Certains offrent leurs mains et leurs sangs.

Moi, je n'ai que mes mots, que tu ne liras peut-être jamais.
Alors je prie pour que tu cesses de pleurer,
Et faire cesser l'oppression et le crime à la porte de ta maisonnée,
Faire respecter les DROITS DE L'HOMME dans tous les pays,
Faire chanter la colombe, chaque jour, dans chaque vie !

Je ne suis qu'une simple femme
Mais, je t'aime de toute mon âme
Et je t'offre de l'amour et du courage
Alors un à un, changeront tous les paysages :
Le ciel ne sera plus strié de bombes et d'avion de combat
Mais uniquement d'oiseaux et de messages de l'au-delà
Les anges te rappelleront
Toutes les chansons
Qui flottent dans le vent,
Allumées d'étoiles et de parfum d'encens.

Des fragrances plus ou moins orientales,
Des orients aux majestueuses aubes matinales.

Oui, les supplices prendront fin
Oui, tu revivras ces heureux matins,
Où le soleil te parlera par sa lumière,
Où la lumière te parlera par sa prière
Dans tous les coins et recoins de la terre.

Que la paix soit ouvertement princière,
Que les gerbes de fleurs,

Caressent ta demeure,
Pour qu'aujourd'hui, comme pour toujours
Monte jusqu'au sommet du ciel, ce que l'on appelle amour.

Je te donne dans un sourire
La confiance et la joie d'un avenir,
Riche de réconforts
Et de paroles toutes d'or.

# Pardon

Pardon de ne pas résister aux assauts du vent,
Pardon de ne pas maîtriser les grands chevaux du temps
Et, surtout pardon de t'aimer autant !

Lorsque je regarde les statues inertes, j'imagine qu'elles prennent la parole
Alors…, certaines deviennent des idoles
Et prennent vie. Mais cela ne me regarde pas
Je reste le regard levé les yeux vers celui qui fera naître la paix entre eux et moi.

Alors, l'espoir se lève
Porté, comme dans un rêve.
Alors, des chants montent au ciel
Pour célébrer, le dieu éternel.

Pardon, d'avoir si peur, quelquefois
Mais, il faudra bien que les guerres cessent un jour, crois-moi :
Quoi de plus magnifique,
Et de si authentique
Que deux ennemis
Qui se réconcilient
Juste pour la vie ?

Peut-être cet amour qui me lie à toi ?,
Pour toi, je voudrais être tout ce que je ne suis pas :
Forte, silencieuse, ou peut-être tout ce que je suis :
Irréductiblement, amoureuse de la vie !

Pardon, d'aimer la vie, avec tes yeux
Pardon, de me cacher de la pluie, et d'attendre le feu
Du printemps.

Pardon, de ne pas craindre les orages les plus violents,
Et de voir dans l'éclair
Toute la force de la lumière.

J'apprendrai bien volontiers
Et je suis ton élève bien appliquée :
Dans mes cahiers,
Je soulignerai ton nom
Et j'oublierai le mien.
Pardon.

Pour le plaisir

Pour le plaisir d'être cette perle dans tes mains,
Pour le plaisir d'être cette main dans ta main
D'être une femme qui un jour, a rencontré un roi.
Je suis l'instant précis où tout le petit bois
S'anime en chantant
Les longs refrains du printemps.

Et je cherche peut-être le son du moment bleu
Où vont peut-être s'aimer tous les amoureux,
Ce son de joie inimaginable à la fois puissant et langoureux,
Ce son qui fait imploser mon cœur chaque fois
Où tu es quelque part près de moi.

Quelque part à l'endroit du plaisir
À l'endroit de ton premier sourire,
Ce miracle que tu me proposes
Est plus beau que tous les bouquets de roses,
Est un bonheur tellement immense
Qu'il laisse fuser des millions d'espérances :
Telle l'espérance du père Joseph Wresinski, lorsqu'il nous livre sa prière :
*« Là où des hommes sont condamnés à vivre dans la misère,*
*Les droits de l'Homme sont violés,*
*S'unir pour les faire respecter*
*Est un devoir sacré »*[1].

La misère qui parcourt ma vie,
Lorsque je n'ai plus de fruits
À t'offrir,
Lorsque mon visage s'assombrit,
Sans sourire.

---

[1] Citation du père Joseph Wresinski (1917-1988), scellée le 17.10.1987 sur l'esplanade du Trocadéro en France.

Est un jour misérable
Un jour vulnérable
Par toutes les absences et les abandons.
Que l'insolent Cupidon
Vole à sa mère Aphrodite
L'instant de l'amour soudain, qui s'invite
Au moment d'une flèche et d'un regard.

Pour Toi, je recommencerai la vie
J'écouterais un à un tous les soupirs
Des fées, des gitanes, des oracles et des pythies,
Il y aura dès lors dans ton jardin, des ventées de rires
Et de pardon.

Des souffles plus clairs que l'horizon,
Des horizons plus doux, qu'un frisson
Un frisson d'amour, d'espoir
Pour la prochaine nuit, le prochain soir.

Je serais là,
Pour toi ;
À l'heure où ton espace se brisera
Je serais là,
Et il n'y aura plus aucun fracas :
Toute ta vie sera un océan lisse de calme et de sourires
Toute ta vie je tisserai la tapisserie d'amour
Au fil de tes soupirs.

Mais j'ai peur
De te faire peur.

Et tout ce bonheur,
Qui s'amoncelle dans la plus simple fleur
Je ne la cueillerai pas,
Je la soignerai encore et encore une fois :
Elle sera là pour toi ;
Et peut-être qu'elle me ressemblera…
Je ne sais pas.

Pour toi, je sais que nous avons les plus beaux rendez-vous,
Rien que pour nous.

J'irai à toi, le visage ouvert,
Le sourire clair
Et je t'offrirai le sang du poète
Ce sang qui m'inquiète
Chaque fois où tu t'en vas.
Pour toi,
Plus aucun sang ne coulera.

Pourquoi les ténèbres s'acharnent-elles contre la lumière ?
Pourquoi certaines nuits, les étoiles se cachent.

Quelles peurs se nourrissent de l'éclair ?
Quels linges blancs de sang, se tachent ?

Où les oiseaux volent-ils après minuit,
Au pays sombre de la nuit ?

Pourtant, toi, tu me dis que la nuit n'est pas noire, mais juste bleue
Je veux bien te croire et fermer les yeux,
Je veux bien attendre l'arc-en-ciel sur le bord de l'horizon,
Seulement si, ta passion
Ne déchire pas le léger voile de la Liberté,
Pour toi, moi unis dans la coupe de la Paix ;

Oui, j'irai boire à tes lèvres le subtil nectar
Qui depuis la fleur et la colombe montent en espoir.

Et je crois bien, que nous nous unirons dans un baiser,
Juste à la frontière de l'imagination et de la réalité.

Et je ne saurais jamais de quel pays tu es roi,
En tout cas du mien, tu le deviendras :
Je te donne une couche de velours
Un palais toujours ouvert au jour,
Des danses et des fêtes,
Pour célébrer la planète :
Ses jours, ses nuits,
Ses aveux, ses interdits.

Je poserai mes yeux sur ton visage
Et je lirai tes messages
Aux rivages,

De tes sourires…
Et la haine ne sera plus qu'un souvenir.

Dans la maison du monde jailliront encore les rires,
Les jets de fleurs,
Et les cris de bonheur.

Si toi aussi, tu crois
Au gémissement de la biche, au fond du bois.

Si toi aussi, tu crois que demain
Je te caresserai la main,
Et que tu crois que demain viendra bientôt,
Alors je n'aurai pas de mal à trouver le mot
Qui guérira tes blessures, même les plus profondes
Dans l'espace d'une seconde,
L'instant qu'il faut à la Licorne pour hennir et se cabrer vers les cieux.
Et toutes les étoiles iront dans le ciel, en guirlandes deux par deux,
Comme vont les amoureux.

Qui ensemble, gravissent l'univers
Avec ou sans guerre.

Laisse-moi t'offrir le gîte et le coucher,
Laisse-moi poser devant tes pieds,
Tous les trésors de la reine de Saba,
Laisse-moi t'offrir la liberté
D'être et de n'être pas, quelquefois
Car devant tes pas se préparent l'éternité.

Tu peux choisir aujourd'hui de mendier
Et demain, de régner.

Je serai là au bout de tes doigts,
Comme une rose tremblante
Je serai là devant tes bras
Et j'ouvrirai la courbe ascendante,
Du Soleil, qui monte jusqu'à la paix des rois.
Un monde où tout redébutera encore une fois,
Comme le premier matin du monde,

Nous serons là, nous irons danser dans l'étrange ronde
Des océans qui font l'amour à la terre,
Alors nous verrons naître les sirènes,
Puis monter dans le ciel les oiseaux de lumière,
Alors, il n'y aura aucune haine.

Chacun aura sa place
Et mon seul vœu sera d'écrire, toutes tes traces.

# Souvent

Souvent, j'assiste au festin des rois
Et le vin qui coule sur mes doigts
Prend la couleur du sang de mon amour
Mais c'est un sang de joie,
De fêtes, jusqu'à la fin du jour.

Souvent, j'assiste au réveil des fées
Et je les vois frotter leurs ailes contre les arbres des forêts.
Je vais vers elles, chantant et les couvre de roses
Ainsi, je suis leur servante et de moi elles disposent,
Je vais chercher ici et là, des cailloux de lumière
Pour tracer leurs chemins dans la terre.

Et soudain tout s'éclaire :
Les nuits sont pleines de soleil
Les jours sont en extase devant la merveille.

Et doucement, les enfants du monde entier
Chantent, jouent et dansent le cœur léger
Sans se soucier du regard
Du méchant corbeau noir,
Qui pose le crépuscule sur toutes les ramures
Qui construit autour de ses plumes, toute une armure,
Pour échapper à la blanche clarté
Et s'engouffrer dans la nuit bleutée.

La première étoile, montera sur la colline
La première étoile, étincellera claire et divine,
Sans aucun retard,
Elle saluera le soir.

Souvent je m'assois au pied du vent
Et j'écoute passer le temps.

Souvent je me saisis de mon trident
Et je m'oppose aux tempêtes qui portent dans leurs rouleaux, le sable noir
Des terres, vides de tout espoir.

Souvent, je souris à la licorne
Souvent c'est l'heure étrange.

Ton visage au milieu des vagues immenses
Semble me parler et me rappelle mes premières danses
Que j'ai connues durant ces jours d'insouciance, de l'enfance,
Puis dans mes rêves de femme amoureuse
Je sais que je dois aller au-delà des tourmentes furieuses,
Au-delà des instants de combats.

Tu es le calme de la biche protégée par les bois,
Tu es le visage, splendide, harmonieux
D'un jour de fête, heureux.

Heureux, de ta joie
De moi, dans tes bras.

Ton visage devant mes yeux
Est la promesse d'un éternel recommencement,
De toi à moi scintille le firmament
De quelques étoiles au rêve d'une paix
Pour ne compromettre aucune éternité.

Le monde continuera à vivre ses printemps
Le monde continuera à faire vivre l'amour, pour de nombreux amants.

Ton visage rayonne, royal ; Je ne vois plus que lui
Je t'emporte dans les bleus-nuits de ma vie,
Ton visage éclaire la pénombre et sourit
À tous les humains qui ont choisi
Le respect de l'autre, pour une grande humanité :
Toute une unité.

Ton visage est la position exacte des astres
Avec toi, nuls mensonges, nuls désastres ;

La vie et encore la vie.
Toi au commencement de la nuit,
Pour faire taire les attaques de la harpie,
Toi au commencement de la nuit,
Pour adoucir, les hivers violents et infinis.

Je suis ta larme, je nais dans tes yeux
Et le long de ton visage, je dis adieu
Aux remords et aux regrets,
Tu es la beauté sublimée.

## Une couleur

Une couleur de peau ne justifie pas le crime,
Une religion ne justifie pas le crime.

La terre ne justifie pas le sang,
Les combats ne sont pas justifiés par l'appât de l'argent.

Ton regard coule en moi,
Comme une larme de joie
Lorsque le fusil est brisé,
Lorsque, depuis tout ton cœur aspire à la paix.

Regarde par la fenêtre, il n'y a plus de bombes !
Regarde vois, et chante avec les colombes
Qui voyagent jusqu'en terre sainte
Pour effacer tous les motifs de plainte.

Il y a ta nuit,
Et ma nuit :
Les deux n'ont probablement pas les mêmes étoiles
Mais, elles deux caressent le même idéal :
Un sourire et une main tendue,
Un cœur mis à nu,
Qui ne saignera plus
Et se couvrira de tellement de fleurs,
Que le temps ne saura plus compter les heures.

L'instant infini, posera en alternance
Devant ton pas la joie et la tolérance ;
Parce que tu auras compris,
Qu'au-delà de l'interdit
Réside la plus belle vie.

Comme une réconciliation
De toutes les passions

Sur un même horizon
Vers lequel tous les enfants se dresseront,
Pour des lendemains de lumière et d'amour
À chaque instant du jour.

À chaque instant, de toi
Près de moi.

# Table des matières